तालिब

राही को चाह मंज़िल की

सतीश कुमार (राही)

Made with ♥ on the Notion Press Platform
www.notionpress.com

"My deepest gratitude to Theresa for gifting me this extraordinary painting of herself. It's truly a masterpiece!"

क्रम-सूची

क्रम-सूची

क्रम-सूची

प्रस्तावना

सतीश कुमार...

सतीश कुमार बैंगलोर के एक आईटी इंजीनियर हैं, जो अपने समय का एक हिस्सा कला के प्रति समर्पित करते हैं। बचपन से ही कला के प्रति आकर्षित सतीश ने एक मध्यमवर्गीय परिवार में बड़े होकर कठिनाइयों का सामना किया। लेकिन उन्होंने इन कठिनाइयों के सामने कभी हार नहीं मानी, बल्कि अपनी परेशानियों को शायरी के रूप में व्यक्त किया। उनकी गहरी सोच और शायरी के जादुई शब्दों ने अनगिनत लोगों को आशा की किरण दी है।

सतीश, एक साधारण परिवार से आने के बावजूद, अपने आस-पास की दुनिया के बारे में लिखना पसंद करते हैं। वे अक्सर सोशल मीडिया पर अपनी कविताएं और शायरी अपलोड करते हैं, विशेष रूप से इंस्टाग्राम पर, जहां उनके पेज को 'Ek_Raahi' के नाम से जाना जाता है।

इस पुस्तक के माध्यम से हम सतीश कुमार की यात्रा को समझने का प्रयास करेंगे। यह यात्रा उनकी कठिनाइयों को शायरी में बदलने और अपने आस-पास की दुनिया के बारे में लिखने के माध्यम से हुई है।

भूमिका

मैं शायर हूँ, तो अक्सर लोग मुझसे पूछते हैं,
"इस हसीन इसरार के बारे में बताओ, भला ये मोहब्बत आख़िर है क्या?"

मैं बस हँसकर कहता हूँ:

किसी प्यासे को अपने हिस्से का पानी पिला देना, मोहब्बत है।
भँवर में डूबते को साहिल तक ले जाना, मोहब्बत है।
किसी के वास्ते नन्ही सी कुर्बानी दे देना, मोहब्बत है।

कहीं हम राज़ सारे खोल सकते हों,
मगर फिर भी किसी की बेबसी देखकर खामोश रह जाना, मोहब्बत है।

दिल में दर्द और वीरानी हो, फिर भी
किसी के वास्ते ज़बरन होठों पर हँसी ले आना,
ज़बरदस्ती की मुस्कान, मोहब्बत है।

बारिश में सहमे, भीगते बिल्ली के बच्चे को
ज़रा सी देर के लिए घर ले आना, मोहब्बत है।

कोई चिड़िया जो कमरे में भटककर आ निकली हो,
उसके लिए पंखा बंद करके रास्ता दिखाना, मोहब्बत है।

किसी के ज़ख़्म सहलाना, किसी रोते हुए दिल को बहलाना, मोहब्बत है।

मीठे बोल, मीठी बातें, और मीठे लफ़्ज़,
ये सब क्या हैं? मोहब्बत हैं।

मोहब्बत...
बस एक ही इंसान की ख़ातिर मगन रहना,

हर वक़्त उसकी बातें सोचना,
उसकी साँसों की ख़ुशबू को महसूस करना,
बस यही मोहब्बत है।

\- राही

नज़्म

इस अध्याय में दिल की गहराइयों से निकली कविताएँ हैं, जो प्रेम, तन्हाई, ख़्वाहिशों और ज़िन्दगी के असली रंगों का आईना दिखाती हैं। ये वो एहसास हैं, जो कभी मुस्कान बनकर चहरे पर खिलते हैं और कभी आँसुओं की शक्ल में दिल से बहते हैं।

लेती नहीं दवाई "माँ"

लेती नहीं दवाई "माँ", जोड़े पाई-पाई "माँ"।

दुःख थे पर्वत, राई "माँ", हारी नहीं लड़ाई "माँ"।

इस दुनिया में सब मैले हैं, जाने किस दुनिया से आई "माँ"।

दुनिया के सब रिश्ते ठंडे, गरमागर्म रजाई "माँ"।

जब भी कोई रिश्ता उधड़े, करती है तुरपाई "माँ"।

बाबू जी तनख़ा लाए बस, लेकिन बरक़त लाई "माँ"।

बाबू जी थे सख्त मगर, माखन और मलाई "माँ"।

बाबू जी के पाँव दबाकर, सब तीरथ हो आई "माँ"।

नाम सभी हैं गुड़ से मीठे–माँ जी, मैया, माई, "माँ"।

सभी साड़ियाँ छीज गई थीं, मगर नहीं कह पाई "माँ"।

घर में चूल्हे मत बाँटो रे, देती रही दुहाई "माँ"।

बाबू जी बीमार पड़े जब, साथ-साथ मुरझाई "माँ"।

रोती है लेकिन छुप-छुपकर, बड़े सब्र की जाई "माँ"।

लड़ते-लड़ते, सहते-सहते, रह गई एक तिहाई "माँ"।

बेटी रहे ससुराल में खुश, सब ज़ेवर दे आई "माँ"।

"माँ" से घर, घर लगता है, घर में घुली, समाई "माँ"।

बेटे की कुर्सी है ऊँची, पर उसकी ऊँचाई "माँ"।

दर्द बड़ा हो या छोटा हो, याद हमेशा आई "माँ"।

घर के शगुन सभी "माँ" से, है घर की शहनाई "माँ"।

सभी पराए हो जाते हैं, होती नहीं पराई "माँ"।

\- राही

दुल्हन

शीशे के आइने में देखती हैं वो ख़ामोश नज़रें,
घूँघट में चेहरा छुपाए हुए,
आँखों में काजल सजाए हुए।

छोड़ के अपना घर-आँगन,
चली आयी मेरी दुल्हन।
इक नयी दुनिया बसाने,
हो गयी पराई जहाँ।

बीता उसका बचपन,
और जवानी की हसीन राहें।
अपनाना है अब वो संसार,
जिसमें लिखनी है नयी कहानी।

माथे की बिंदिया कुछ कहती है उससे,
हाथों के कंगन खनकते हैं,
जैसे कहती हैं सहेलियाँ,
"रुक जा रे सखी,
ना छोड़ वो राहें,
जिसमें खेला तेरा बचपन।"

- राही

यादें

कोई वक़्त पुराना याद आया,
फिर दौर सुहाना याद आया,
और चुपके से इन दीवारों पे,
कुछ लिखकर जाना याद आया।

तेरा मिलना नींद की छाँव में,
और सर रख देना कंधे पर,
मेरा ये कहना, "कोई देख ले ना,"
तेरा वो घबराना याद आया।

ऐसा भी तो अक्सर होता था,
मैं तुझको छोड़ने जाता था,
बारिश की भीगी रातों में,
तेरा हाथ हिलाना याद आया।

वो वक़्त बन गया बीते लम्हें,
बस एक ही मंज़र आँखों में,
तेरा छोड़ के जाना याद आया।

\- राही

वादा

तुम होना ना खामोश कभी,
आँखों में नमी ना लाना कभी,
जो भी हो, कह देना मुझसे,
मुझसे कुछ ना छुपाना कभी।

जब भी होगी उदास तुम,
तुम्हारे हर ग़म चुराऊँगा,
फिर भी ना मुस्काई अगर,
तो गुदगुदी खूब मचाऊँगा।

अगर फिर भी हो तेरी आँख में आँसू,
तो गले से तुझे लगाऊँगा,
समेट के तेरे हर जज़्बात,
दिल में तुझे छुपाऊँगा।

कभी ना जाने दूँगा दूर,
ऐसा तुझमें समाऊँगा,
भूल जायेगी हर ग़म अपने,
इतना तुझे हसाऊँगा।

\- राही

एक चाहत

पता है, मैं क्या चाहता हूँ?

तुमसे मिलना चाहता हूँ,
तुम्हें देखते ही गले लगा लेना चाहता हूँ,
तुमसे घंटों बातें करना चाहता हूँ।

तुम्हें बताना चाहता हूँ,
कि तुम्हारे साथ मेरी ज़िंदगी कितनी हसीन होगी।
जब तुम मुझसे बात करते हुए मुस्कुराओ,
तो उन आँखों की रोशनी में खोना चाहता हूँ।

बात करते करते, जब कोई ज़ुल्फ़ तुम्हारे चेहरे पर आ गिरे,
और मेरी साँसों को रोक दे,
तो उस लट को धीरे से तुम्हारे कान के पीछे रखना चाहता हूँ,
और उसी बहाने चुपके से तुम्हारे कान को सहलाना चाहता हूँ।

तुम्हें छूना चाहता हूँ,
तुम्हारे नरम हाथों की छोटी-छोटी उँगलियों में,
अपनी उँगलियाँ मिलाना चाहता हूँ।

उन सुर्ख़ होठों की लकीरों को,
जो मुड़ते हुए जैसे मुर्दा जानी हो जाए,
उन्हें हौले से चूमना चाहता हूँ।

जब तुम मेरी पीठ पर अपनी उँगलियों से कुछ लिखो,
तो धीरे से तुम्हारे पैरों को गुदगुदाना चाहता हूँ,
फिर तुम्हारी गोद में लेट जाना चाहता हूँ।

जब तुम मेरे बालों में अपनी उँगलियाँ फेरो,
तो तुम्हारी भीनी ख़ुशबू में मस्त,
यूँही सोना चाहता हूँ।

और सुबह जल्दी उठ कर,
तुम्हें सोता हुआ देखना चाहता हूँ,
जब उस मासूम चेहरे पर,
सुबह की पहली धूप पड़े,
तो तुम्हारी ज़ुल्फ़ों से खेलते हुए,
प्यार से तुम्हारे माथे को चूमना चाहता हूँ।

बस इतना चाहता हूँ।

- राही

एक आदत

इक रोज़ तुमने थामा था हाथ मेरा,
मेरे हाथों से तुम्हारे हाथ की ख़ुशबू नहीं जाती।

तुम बहुत प्यार से पुकारती थी नाम मेरा,
मेरे कानों से तुम्हारी वो आवाज़ नहीं जाती।

मैं बुलाता भी नहीं था, और तुम आ जाती थी,
अब बुलाने पर भी, मेरी आवाज़ तुम तक नहीं जाती।

बस चुके हो तुम मेरी नस-नस में लहू की तरह,
मेरी उल्फत तुम्हारी रूह में उतर क्यों नहीं जाती?

मैं जानता हूँ, ये शहर, ये रास्ते तुम्हारे नहीं,
फिर भी मेरी आँखों से इंतज़ार की आदत नहीं जाती।

\- राही

एक मुलाकात

कल हल्की सी बरसात में, हो गई मुलाकात उनसे,
नज़रों के शबनम ने जैसे, कर ली हो हर बात उनसे।

उनकी आँखों में थी ऐसी कशिश कि क्या कहें,
मेरे जिस्म के रोम-रोम ने, कर ली मोहब्बत उनसे।

मासूम है इस क़दर उनकी छुअन का एहसास,
आखिर एक मोड़ पर कर ली, मेरी हया ने हरारत उनसे।

पलकों के परदे में करवट लेती थीं कुछ पाक खताएँ,
मेरी मुस्कराहट ने कर ली हो जैसे शरारत उनसे।

गाने लगी उनकी ख़ामोशी कुछ ऐसे नग्में,
संभाले न जाते थे अपने ख्यालात उनसे।

मेरा आँचल भी करने लगा बेवफ़ाई मुझसे,
छुड़ाकर मेरे हाथों को ज़मीन गया लिपट उनसे।

बूंदों में बरस रहा हो जैसे आसमान से प्यार बेशुमार,
कुछ ख़ामोश से सवालों के मिल गए हैं जवाबात उनसे।

\- राही

एक रात

रात खामोश है, ये कुछ कहती नहीं,
हवाएँ मौन सी, ये बहती नहीं।

दूर अँधेरे में एक साया नजर आता है,
वो कभी अपना, कभी पराया नज़र आता है।

उसके होने से कुछ पल, तन्हाई हुई मेरी कम,
इन आँखों को फिर तलाश, कुछ और रहती नहीं।

रात खामोश है, ये कुछ कहती नहीं।

हर तरफ खामोशी का नज़ारा,
आलम बेबसी का, मदहोशी का।
और खाली सा आशियाना हमारा,
ये सब तो रहते हैं मेरे साथ हर पल,
बस रूह मेरी मेरे साथ रहती नहीं।

रात खामोश है, ये कुछ कहती नहीं।

आवारगी का है ये एक सफर,
शाम से चली सुबह तक ये डगर,
बेचैनी में चैन का इशारा, राह में,
कोई नहीं साथ बस परछाई का सहारा।
मासूम सी आँखें मेरी ये मंज़र सहती नहीं,
तेरी कमी के सिवा, कमी कोई रहती नहीं।

रात खामोश है, ये कुछ कहती नहीं,
हवाएँ मौन हैं, ये बहती नहीं।

- राही

एक आस

बाँध लूँ हाथ से, या सीने पे सज़ा लूँ तुमको,
जी में आता है तावीज़ बना लूँ तुमको,
फिर तुम्हें संवारूँ, तुम्हें बढ़ता देखूँ,
क्यूँ ना आँगन में चमेली सा लगा लूँ तुमको।

जैसे बालों में चुना करता फूल कोई,
घर के गुलदानों में फूलों सा लगा लूँ तुमको,
क्या अजीब ख़्वाहिशें उठती हैं मेरे दिल में,
कर के मन सा हवाओं में उछालूँ तुमको।

इस क़दर टूट कर मुझे तुमपे प्यार आता है,
अपनी बाहों में भरूँ, मार ही डालूँ तुमको,
कभी ख़्वाब की तरह आँख के परदे में रहो,
कभी ख़्वाहिशों की तरह दिल में बुला लूँ तुमको।

है तुम्हारे लिए दिल में कुछ अकीदत ऐसी,
अपने हाथों में दुआओं सा उठा लूँ तुमको,
जान देने की इजाज़त भी नहीं देते हमको,
वरना मर जाऊँ अभी, मर के मना लूँ तुमको।

जिस तरह रात के सीने में है महताब का नूर,
अपने दिल के मकानों में सज़ा लूँ तुमको।

- राही

एक ख़ामोशी

लोग मुझसे मिलकर बिछड़ जाते हैं,
इसलिए मैं लोगों से दूर रहता हूँ।

मत समझो कि आते नहीं अदब-ए-मुलाक़ात मुझे,
खलूस का गुलाम हूँ, आदत से मजबूर रहता हूँ।

जिनसे बढ़ा मेरा राबता, ग़म ही मिला,
अब राबता नहीं बढ़ता, बहुत मसरूर रहता हूँ।

लोग मुझे कहते हैं बे-मुरव्वत और ख़ुदगर्ज़,
कितने अच्छे नामों से, मशहूर रहता हूँ।

हर वक़्त खोया रहता हूँ ख़ुद की तलाश में,
बहुत थक गया हूँ, अपनों से दूर रहता हूँ।

आसुओं पे भी, बनता है मज़ाक़ मेरा,
इसलिए अब बस ख़ामोश रहता हूँ।

- राही

जो गुज़र गया, सो गुज़र गया

ना गिला किया, ना ख़फ़ा हुए,
यूँही रास्ते में जुदा हुए।

ना वो बेवफ़ा, ना मैं बेवफ़ा,
जो गुज़र गया, सो गुज़र गया।

वो ग़ज़ल की एक किताब था,
वो गुलों में एक गुलाब था,
ज़रा देर का कोई ख़्वाब था,
जो गुज़र गया, वो गुज़र गया।

वो उदास धूप समेट कर,
कहीं वादियों में उतर गया,
उसे अब ना दे मेरे दिल सदा,
जो गुज़र गया, सो गुज़र गया।

ये सफ़र भी कितना तवील है,
यहाँ वक़्त कितना कलील है,
कहाँ लौट कर कोई आएगा,
जो गुज़र गया, सो गुज़र गया।

- राही

अल्फ़ाज़ के झूटे बंधन में

अल्फ़ाज़ के झूठे बंधन में,
अग्राज के गहरे पर्दों में,
हर शख़्स मुहब्बत करता है,
हालाँकि मुहब्बत कुछ भी नहीं।

सब झूठे रिश्ते-नाते हैं,
सब दिल रखने की बातें हैं,
कब कौन किसका होता है,
सब असली रूप छुपाते हैं।

एहसास से ख़ाली लोग यहाँ,
लफ़्ज़ों के तीर चलाते हैं,
इक बार में आके फिर वो,
सारी उम्र रुलाते हैं।

ये इश्क़-ओ-मुहब्बत, क़सम-ए-वफ़ा,
ये सब कहने की बातें हैं,
हर शख़्स खुदी की मस्ती में,
बस अपनी ख़ातिर जीता है।

- राही

सौ क़िस्से

सौ क़िस्से हैं मिलते-जुलते
इक मजबूरी ठीक नहीं,
जो कहना है, खुल के कह दे,
बात अधूरी ठीक नहीं।

कोई गिला, कोई बहाना,
कोई मुनासिब राह निकाल,
मुझसे ऐसे मिलते रहना,
ग़ैर ज़रूरी ठीक नहीं।

रोज़ मुहब्बत हो जाती है
चलते-फिरते लोगों से,
गीत अधूरे, ख़्वाब अधूरे,
ये मजबूरी ठीक नहीं।

हम महफ़िल में आए यूँ,
वो पीछे जाके बैठ गए,
हमसे दूरी ठीक है,
पर इतनी भी दूरी ठीक नहीं।

- राही

एक कराह

कोई सो रहा सड़क किनारे ते,
कोई करदा ऐश चुबारे ते,
कोई तरसे बेहे टुकर नू,
कोई पी के चब्बे कुक्कड़ नू,

किते भूके नियाने सुत्ते ने,
किते दूध पीन नू कुत्ते ने,
किते नंगा कम्बे राहा ते,
किते टंगे कोट ने बाहा ते,

ऐथ की की करे हुन्दे ने,
रिश्वतों नाल गुज़ारे हुन्दे ने,
मैं संगदा तन्नु दस्सण तौं,
तेरे सामने सारे हुन्दे ने,

कोई बाँदा बन के आ रब्बा,
तेन्नु दुःख सुनौना चौंदा हां,
किसे गल ते खत्तिर मैं तेन्नु,
हैतथा बुलौना चौंदा हां।

- राही

रंजिश-ऐ-ज़िन्दगी

यूँ ही रंजिशों में बसर हुई ज़िंदगी,
कभी मैं ख़फ़ा, कभी वह ख़फ़ा।

इन चाहतों के मोड़ों पे,
कभी मैं रुका, कभी वह रुका।

वही रास्ते, वही मंज़िलें,
न उसे ख़बर, न मुझे पता।

अपनी-अपनी शान में खोए,
कभी मैं अलग, कभी वह जुदा।

इन ख़ामोशियों की चादर में,
कभी मैं सोया, कभी वह सोया।

इन ख्वाबों के आँगन में,
कभी मैं खोया, कभी वह खोया।

वही दर्द, वही आँसू,
न उसे समझ, न मुझे राह।

अपनी-अपनी दुनियाँ में खोकर,
कभी मैं अकेला, कभी वह तन्हा।

- राही

पुकार

सदियों से जागी आँखों को,
इक बार सुलाने आजाओ,

माना तुमको प्यार नहीं,
नफ़रत ही जताने आजाओ।

जिस मोड़ पे हमको छोड़ गए,
हम बैठे अब तक सोच रहे,

क्या भूल हुई, क्यों जुदा हुए,
बस ये समझाने आजाओ।

हर लम्हा तेरी फ़ुरकत में,
हम तड़प रहे, हम तरस रहे,

मेरी मानो तुम इस दिल को,
कुछ पल बहलाने आजाओ।

- राही

ख़ुशबू

आज उस गली से गुज़रा,
जिसे तुमने कभी अपना पता बताया था।
कभी गया नहीं वहां,
मगर ना जाने क्यों,
लग रहा था यूं,
जैसे कुछ अपना सा हो वहां।

तुम्हारे घर को जाती वो सड़क,
जैसे दोनों बाहें फैला कर,
बुला रही हो मुझे,
किसी बच्चे की तरह,
उंगली पकड़, छोड़ आए जो मुझे तुम तक।

मगर जा ना सका,
हिम्मत ही नहीं हुई,
बस कुछ लम्हे जी आया फिर से,
अपने कुछ सांसें छोड़ आया हूं उस गली में,
और बदले में, ले आया हूं,
उस मिट्टी में घुली,
तुम्हारी भीनी खुशबू।

- राही

सिर्फ तुम

एक आस,
एक एहसास,
मेरी प्यास,
और
बस तुम।

एक सवाल,
एक मजाल,
तुम्हारा ख़याल,
और
बस तुम।

एक बात,
एक रात,
तुम्हारा साथ,
और
बस तुम।

एक दुआ,
एक फ़रियाद,
तुम्हारी याद,
और
बस तुम।

मेरा जूनून,

मेरा सुकून,

और

बस तुम,

सिर्फ तुम।

- राही

मसूरी

उसे आईलाइनर पसंद था, मुझे काजल।
वो फ्रेंच टोस्ट और कॉफी पे मरती थी,
और मैं अदरक की चाय पे।

उसे नाइट क्लब पसंद थे,
मुझे रात की शांत सड़कें।

शांत लोग मरे हुए लगते थे उसे,
मुझे शांत रहकर उसे सुनना पसंद था।

लेखक बोरिंग लगते थे उसे,
पर मुझे मिनटों देखा करती जब मैं लिखता।

वो न्यूयॉर्क के टाइम्स स्क्वायर,
इस्तांबुल के ग्रैंड बाजार में शॉपिंग के सपने देखती थी,
मैं असम के चाय के बागानों में खोना चाहता था।

मसूरी के लाल टिब्बे में बैठकर,
सूरज डूबना देखना चाहता था।

उसकी बातों में महँगे शहर थे,
और मेरा तो पूरा शहर ही वो।

न मैंने उसे बदलना चाहा न उसने मुझे।

एक अरसा हुआ दोनों को रिश्ते से आगे बढ़े।

कुछ दिन पहले उनके साथ
रहने वाली एक दोस्त से पता चला,
वो अब शांत रहने लगी है,
लिखने लगी है,
मसूरी भी घूम आई,
लाल डिब्बे पर अँधेरे तक बैठी रही।

आधी रात को अचानक से
उनका मन अब चाय पीने को करता है।

और मैं...
मैं भी अब अक्सर कॉफी पी
लेता हूँ किसी महँगी जगह बैठकर।

- राही

आवाज़

अवाज़ दी है तुमने मुझे, फिर से याद आने को,
जो हाथ थामा था तुमने मेरा,
कभी न छोड़ जाने को,

किये थे वादे कई,
खाई थी कई कसमें,
कल आयीं थीं सालों बाद,
क्या उन कसमों को निभाने को?

चाहा था तुमने मुझे,
बस पल भर दिल बहलाने को,
उन पलों के भंवर में रह गया मैं,
बिखर कर टूट जाने को,

टूट कर जुड़ सका है कौन,
जो कल वापस आयीं थी मुझसे जुड़ जाने को।

है आसान तुम्हारे लिए जाना,
फिर जाकर वापस आना,
पर ये तो बताओ तुम आयीं थी वापस,
एक लाश से अब क्या पाने को?

- राही

ख़ुश हूँ मैं

खुश हूँ मैं, यकीन नहीं, मुस्कान देख लो,
आँखों की चमक,
पर झाँकना नहीं मेरे दिल में,
जज़्बात में कहीं मिल न जाए वो सूनापन,
स्वप्निल अरमानों का वो खालीपन।

पर पूछना नहीं मेरी आँखों से,
मेरी बीती हुई मायूस शामों से,
कहीं बयां न कर दें मेरे जज़्बात,
द्रवित ह्रदय की वो चीत्कार।

देखना नहीं उकेरी लकीरों को,
चितवन में छाए हुए अँधेरे को,
कहीं मिल न जाए तुम्हें
मेरी गमगीन ज़िन्दगी में छिपी "नुपुर"।

दुनिया ने माना,
अब तुम भी मान लो कि,
खुश हूँ मैं।

- राही

आसमां की झील में, चांद की नैया चली

आसमां की झील में, चांद की नैया चली,
रजत आंगन में खिल रही, रात रानी की कली।

छोड़ दो तुम, ऐ सितारों, अब तनिक सा रास्ता,
ओ बदरिया, तुझको मेरी, हसरतों का वास्ता।

ओ पवन, चुपचाप बहना, तू बड़ी है मनचली,
आसमां की झील में, चांद की नैया चली।

देख मेरी लाडली की, नींद टूटे न कहीं,
बुन रही है स्वप्न पलकों के बीच, निंदिया की परी।

झिंगुरी, चुपचाप रहना, नींद पलकों पर ढली,
आसमां की झील में, चांद की नैया चली।

सोएंगी नन्ही परी, भैया सुनाएं लोरियां,
यही हैं आशीष मेरे, रहे होठों पर किलकारियां।

मुस्कुराहटें ये किसी, ग़म से जाए न छली,
आसमां की झील में, चांद की नैया चली...

- राही

तू बता मैं क्या करूँ

भस्म करके गुरुर अपना, करूं नित्य नवीन सृजन,
या आकर वियोग में तेरे, कर दूँ नष्ट सम्पूर्ण गगन।
की पी कर घूँट बिछोह का, नीलकंठ का रूप धरूँ,
तू बता, मैं क्या करूँ, तू बता, मैं क्या करूँ।

हिमालय की वादियों सा तेरा रूप सौम्य, कोमल,
ज्यूँ की बुरांश में उग आयी हो कोई नूतन कोंपल।
रहूँ तेरी चांदनी में, या योग अमृत में डूब मरूँ,
तू बता, मैं क्या करूँ, तू बता, मैं क्या करूँ।

प्राप्ति कर लेना बड़ा या त्याग महान,
सम्मोहन तेरा बड़ा, या बड़ा योग ध्यान।
इन प्रश्नों की दौड़ में, तेरे लिए कहाँ ठहरूं,
तू बता, मैं क्या करूँ, तू बता, मैं क्या करूँ।

- राही

मेरा उसका इतना परिचय

मेरा उसका परिचय इतना,
वो नदिया है, मैं मरुथल हूँ।

उसकी सीमा सागर तक है,
मेरा कोई छोर नहीं है।

मेरी प्यास चुरा ले जाए,
ऐसा कोई चोर नहीं है।

मेरा उसका इतना नाता,
वो ख़ुशबू है, मैं संदल हूँ।

उस पर तैरें दीप शिखाएँ,
सूनी-सी मेरी राहें।

उसके तट पर भीड़ लगी है,
कौन करेगा मुझसे बातें।

मेरा उसका अंतर इतना,
वो बस्ती है, मैं जंगल हूँ।

उसमें एक निरन्तरता है,
मैं तो स्थिर हूँ जनम जनम से।

वो है साथ साथ ऋतुओं के,
मेरा क्या रिश्ता मौसम से।

मेरा उसका जीवन इतना,
वो इक पल है, मैं इक युग हूँ।

- राही

बोलो माँ? क्या फिर एक बार मिलोगी?

तिनका तिनका जोड़ा तुमने, अपना घर बनाया तुमने,
अपने तन के सुन्दर पौधे पर, हम बच्चों को फूल सा सजाया तुमने।
हमारे सब दुःख उठाए और हमारी खुशियों में सुख ढूँढा तुमने,
हमारे लिए लोरियां गाईं और हमारे सपनों में खुद के सपने सजाए तुमने।

हम बच्चे अपनी अपनी राह चलते गए, और तुम?
तुम दूर खड़ीं चुपचाप अपना मीठा आशीर्वाद देतीं रहीं।

पल बीते, क्षण बीते...
समय पग पग चलता रहा, अपना हिसाब लिखता रहा... और आज?
आज धीरे-धीरे तुम ज़िन्दगी के उस मुकाम पर आ पहुँची,
जहाँ तुम थकी खड़ी हो – शरीर से भी और मन से भी।

मेरा मन मानने को तैयार नहीं, मेरा अंतर्मन सुनने को तैयार नहीं...
क्या तुम्हारे जिस्म के मिटने से सब कुछ खत्म हो जाएगा?
क्या चली जाओगी तुम अपने प्यार की झोली समेट कर?
क्या रह जाएंगे हम तुम्हारी भोली सूरत देखने को तरसते हुए?
क्या रह जाएंगे हम तुम्हारी गोदी में छुपा अपना बचपन ढूँढ़ते

हुए?

बोलो माँ, क्या कह जाओगी इन चाँद, सूरज, धरती और तारों
से?
इन राह गुज़ारों से, नदिया के बहते धारों से?
क्या कह जाओगी माँ? किसी सौंप जाओगी हमें माँ?
या फिर...? या फिर...?

बिखर जाओगी अपना प्यार, अपनी दुआएं और अपनी ममता,
इस कायनात के चिरंतन समुद्र की लहर-लहर पर?
क्या इस जनम में चुन पाएंगे हम वो दुआएं?
पर वादा है माँ, इन सब जनमों के पार हम फिर मिलेंगे,
तुम्हारी दुआएं चुन कर,
तुम्हारे प्यार से भरी झोली समेट कर, एक नया जिस्म लेकर
हम फिर मिलेंगे माँ...

जन्म जन्मांतरों से परे... हंसते मुस्कराते... हम फिर मिलेंगे,
फिर एक नई दुनिया बसाएंगे...
इन बिखरते आंसुओं को चुन कर खुशियों में बदल देंगे।
पापा, मैं, तुम और बिटटू हम फिर मिलेंगे,
हमेशा साथ-साथ खुश रहेंगे।

इन शब्दों को लिखते जीते जो आंसू मैंने गिराए,
और जो तुमने नहीं देखे,
वो आँसू तुम पर मेरा क़र्ज़ हैं माँ...
तुम्हें भी ये क़र्ज़ चुकाना होगा,
इन बिखरे आँसुओं को समेट कर खुशियों में बदलना होगा,

तुम्हें भी एक वादा करना होगा...

क्या फिर से एक बार, जन्म जन्मांतरों के पार मिलोगी?
क्या फिर एक बार मुझसे लाल धागे का रिश्ता जोड़ोगी?
क्या फिर एक बार मुझे अपने तन पर सुंदर फूल सा सजाओगी?
क्या फिर मेरी नन्ही उंगली थामे, मेरे संग-संग चलोगी?
क्या फिर मेरी वाणी पर अपना सम्मोहन बिखराओगी?
क्या फिर अपनी ममता की छाया से मेरा जीवन संवार दोगी?
क्या फिर अपनी मीठी लोरियाँ गा कर मुझे सुलाओगी?
क्या फिर मुझे सजना संवरना और गुनगुनाना सिखाओगी?
क्या फिर मेरे नन्हे पंखों में ऊंची उड़ान भरोगी?

बोलो माँ, क्या फिर एक बार मिलोगी?

- राही

"क्या मैं तुम्हें जानती हूँ?"

ज़िंदगी के एक मोड़ पर वो मुझे मिल गई,
एक दिन अचानक,
और फिर तो वो मुझे हर मोड़ पर,
मिल जाया करती, बस अचानक।

मेरी परछाईं का हाथ थामे,
बस मेरे पीछे-पीछे चलना।
मैं उसे कुछ न कहता,
उसका होना मुझे भाने लगा था।

वो अक्सर पूछा करती,
"क्या मैं तुम्हें जानती हूँ?"
मैं मुस्कुरा देता,
और फिर हमारे बीच
बस इधर-उधर की बातों का
सिलसिला चल पड़ता।

मेरे लिए वो मायने रखती थी,
इसलिए जब वो न दिखती,
मैं बेचैन हो जाता।
और जो मैं उसे न मिलता किसी रोज़,
तो सवाल कर-कर के
परेशान किया करती।

धीरे-धीरे वो मेरी परछाईं ही हो गई थी,
पर मैं उसके लिए क्या था,
उसे तो पता ही नहीं था।
बस अक्सर पूछा करती,
"क्या मैं तुम्हें जानती हूँ?"
मैं मुस्कुरा देता।

हम साथ-साथ थे,
नदी और किनारों की तरह,
सूरज और रश्मि की तरह।
वो मेरे लिए घर से निकलने का बहाना थी,
और मैं उसका एकल ठिकाना।

हमारे बीच बहुत कुछ था,
पर वो समझती थी या नहीं, पता नहीं।
बस अक्सर पूछा करती,
"क्या मैं तुम्हें जानती हूँ?"
और मैं हमेशा मुस्कुरा देता।

एक रोज़ अचानक वो कहीं चली गई,
ना किसी मोड़ पर मिली,
ना मेरी परछाईं का हाथ थामे दिखी।

क्या सच में वो जानना चाहती थी,
और मैंने उसके सवाल को समझा ही नहीं।
उसने हर बार पूछा,
"क्या मैं तुम्हें जानती हूँ?"

और मैं नादान उसे जान ही न पाया।

\- राही

वो लड़का...

एक दिन समेटते हुए अपने खालीपन को मैंने,
ढूँढा था उस लड़के को,
जो भागता था तितलियों के पीछे,
सँभालते हुए अपनी कमीज को,
फिर खो जाया करता था
किताबों के पीछे,
गुनगुनाते हुए ग़ालिब की कोई ग़ज़ल।

अक्सर मिल जाता था वो लाइब्रेरी में,
कभी पाया जाता था घर के बरामदे में,
बतियाते हुए प्रेमचंद और शेक्सपियर से,
कभी बारिश में तलते पकौड़ों को छोड़कर,
खुले हाथों से छूता था आसमान,
और जोर से सांस खींचते हुए
समो लेना चाहता था पहली बारिश में
महकती सोंधी मिट्टी की खुशबू।

उसकी किताबों में रखे
सूखे फूल महका करते थे,
उसके अल्फाज़ की महक से,
और शब्द उसके इर्द-गिर्द नाचते,
रच देते थे एक तिलिस्म,
और भर दिया करते थे
उसकी डायरी के पन्ने।

दोस्तों की महफ़िल छोड़,
छत पर निहारता था वो
बादल और बनाया करता था
उनमें अनगिनित शक्लें।
तब उसकी उंगलियाँ अक्सर
मुंडेर पर लिखा करती थी कोई नाम,
उसकी चुप्पी को लोग क्यों
नहीं पढ़ पाते थे, उसे परवाह नहीं थी,
हाँ, क्योंकि उसे जानते थे
ध्रुव तारा, चाँद और सितारे।

फिर एक दिन वो लड़का कहीं
खो गया,
सोचता हूँ क्या अब भी उसे प्यार
है किताबों से,
क्या अब भी लुभाते हैं उसे नाचते अक्षर,
क्या अब भी गुनगुनाता है वो ग़ज़लें।

कभी मिले तो पूछियेगा उससे,
और कहियेगा कि उसके झोले में
रखे रंग और ब्रुश अब सूख गए हैं,
और पीले पड़ गए हैं गोर्की की
किताब के पन्ने,
देवदास और पारो अक्सर उसे
याद करते हैं,
कहते हैं वो मेरा हमशक्ल था।

- राही

वो लड़की कौन है?

वो लड़की कौन है?
उसे जलन नहीं होती,
जब मैं तैयार हो के बाहर निकलता हूँ,
जब मैं किसी और के साथ बात करता हूँ,
जब मैं उसे जलाता हूँ,
उसे जलन नहीं होती... ना वो सुलगती है।

जब मैं किसी और की तारीफें करता हूँ,
वो लड़की, जो मेरे आज़ाद मिज़ाज से आशना है,
उसने मेरी रूह को अपने क़ब्ज़े में लेने के बाद कहा!
"जा, तेरे जिस्म को आज़ाद छोड़ा,
मुझे जलन नहीं होती।

- राही

सावन

सावन के सुहाने मौसम में,
इक रूप की रानी याद आयी।

वो बाग़ का मंज़र याद आया,
वो झूलों की कहानी याद आयी।

मदहोश फिज़ा, मस्ताना समाँ,
बादल का वो झुकना खेतों पर।

यूँ मस्त हवा लहराने लगी,
चुनरी कोई थामे याद आयी।

कोयल की मनहारें मतवाली,
मोरों के तराने मस्ताने।

रिमझिम का वो आलम क्या कहिए,
वो बात पुरानी याद आयी।

हर सिमट बसंती फूल खिले,
गुलशन में बहारें जब आयीं।

जो साथ किसी के गुज़री थी,
वो शाम सुहानी याद आयी।

सावन के सुहाने मौसम में,
इक रूप की रानी याद आयी।।

- राही

प्यास

बढ़ गया था प्यास का एहसास दरिया देख कर,
हम पलट आए मगर पानी को प्यासा देख कर।

हम भी हैं शायद किसी भटकी हुई कश्ती के लोग,
चीख़ने लगते हैं ख़्वाबों में जज़ीरा देख कर।

जिसकी जितनी हैसियत है, उसके नाम उतना ख़ुलूस,
भीक देते हैं यहाँ लोग कसा देख कर।

माँगते हैं भीक अब अपने मुहल्लों में फ़क़ीर,
भूख भी मुहातत हो जाती है ख़तरा देख कर।

खुदखुशी लिखी थी इक बेवा के चेहरे पर मगर,
फिर वो ज़िंदा हो गई, बच्चा बिलखता देख कर।

- राही

मजबूरी

सांस लेना तो हर शख्स की मज़बूरी है,
जिंदा होने के लिए कलेजा भी जरूरी है।

किस की मुहब्बत पूरी हो पायी आज तक,
देख, जमीं और आसमां में कितनी दूरी है।

मैं भी शराफत के लबादों में खंजर रखे हूँ,
तबाह करने की उनकी तैयारी भी पूरी है।

उसकी सूरत देख के झुक जाती है,
मेरी आँखों की भी ज़रूर कुछ मज़बूरी है।

मेरे लफ्ज़ों के मानी, जब से तू गया है,
मेरी लिखी हर एक गज़ल अधूरी है।

- राही

फ़रियाद

इन दौड़ती भागती मंजिलों को थाम दे जरा,
आँखें चौंधिया गई हैं खुदा, आराम दे जरा।
न दिल टूटता है, न कोई रूठता है अब,
हम बेरोज़गार मजदूरों को कोई काम दे जरा।

मेरे यार ने कहा है आज, अब तो पीनी ही है,
खाली सही, मगर इक जाम दे जरा।

कागज़ों पे हर मर्ज़ का इलाज़ करने वाले को,
अस्पताल की जिन्दा लाशों का पैगाम दे जरा।

जो बोले और चलते गए, वो मंज़िल पर हैं,
करने वाले लोगों को भी अब इनाम दे जरा।
ये बेचारी मशीनें मेरी हर बात मानती हैं पर,
फिर वही यारों से झगड़ने वाली शाम दे जरा।

- राही

ऐ ज़िन्दगी

तू प्यार से पुकार ले, बहार दे ए जिंदगी,
वफ़ा करे जो उम्र भर, वो यार दे ए जिंदगी।

ये मुश्किलों का सिलसिला, थमे कहीं रुके जरा,
खुशी भरे तू चंद दिन, उधार दे ए जिंदगी।

निकल रहा है दम मेरा, ये बेहिसाब दर्द है,
संवार दे अभी मुझे, या मार दे ए जिंदगी।

ये तीरगी भरा सफ़र, कैसे कटे बिना सनम,
मेरे सनम को एक बार तू पुकार दे ए जिंदगी।

- राही

अमानत

हारे हुए रिश्तों की अक्सर यही हालत रह जाती है,
लोगों की मोहब्बत रहती नहीं, पर आदत रह जाती है।

तनहाई का सौदा वैसे इतना भी घाटे में नहीं चलता,
बेचैनी नहीं बसती वीराने में, बस राहत रह जाती है।

बदलते हुए हालातों से समझौता तो हो जाता है, पर
कोई चाहें या न चाहें, चुपके से चाहत रह जाती है।

लेन-देन के मामलों में तो यादें लौटाना नामुमकिन है,
अपनी वहाँ तो किसी की यहाँ ये अमानत रह जाती है।

- राही

नौंवी दी किताब

खिड़ा गुलाब ओहदे मुख जेहा जदों बाग़ च,
सूरत अक्ख़ान साँवें आ जांदी धुंधली याद च,

गुम होगे हास्से, रोस्से, शिकवे, मज़ाक़ ओह,
जेहड़ी असि रखे नहीं सी किसे वी हिसाब च,

तोड़ गए दम ओह वी सदेयां प्यारां वांग,
'राही' मिलेया गुलाब सुक्खा, कल नौंवी दी किताब च।

- राही

उसे कहना

"उसे कहना,
मुकम्मल कुछ नहीं होता...
मिलना भी न मुकम्मल है,
जुदाई भी अधूरी है,
यहाँ इक मौत ही पूरी है... उसे कहना,
उदासी जब रगों में ख़ून की मनींद उतरती है,
बहुत नुक़सान करती है... उसे कहना,
बिसात-ए-इश्क़ में जब मौत होती है,
दुखों के शहर में जब रात होती है,
मुकम्मल बस खुदा की ज़ात होती है।"

- राही

रश्क़

वो लड़की शायद पागल थी,
दिन-रात ही गुम सी रहती थी,

कुछ शर्म-ओ-हया की पेकर थी,
कुछ नरम मिज़ाजी रखती थी,

आंखों में नीम नशा सा था,
बातों से दीवानी लगती थी,

हमराज़ ना था उसका कोई,
बस खुद से बातें करती थी,

इक शर्म के आँचल में अक्सर
जज़्बात छुपाए रखती थी,

डरती थी जुदा होने से,
या प्यार से शायद डरती थी,

क्या सब्र था उस दीवानी का,

क्या ज़ब्त-ए-मुहब्बत रखती थी,

है रश्क़ मुझे उस पगली पे,
क्या ख़ूब मुहब्बत करती थी।।

- राही

तो याद आऊँगा

जब कभी वो होगा अपनी ज़ात में तनहा,
तो याद आऊँगा।।

ना चला क़दम से क़दम कोई साथ,
तो याद आऊँगा।।

मैं उसकी आँखों का इशारा भी समझ लेता हूँ,
ना समझ सका कोई दिल की बात,
तो याद आऊँगा।।

दिन का हर इक पल गुज़रेगा जब उसपे कठिन,
और तनहा कटेगी रात,
तो याद आऊँगा।।

हर बाज़ी जान कर उससे हार जाता हूँ,
जब होगी उसकी हार,
तो याद आऊँगा।।

हँसने को तो दुनिया भी हँसती है साथ-साथ,
ना रोया कोई दुःख में साथ,
तो याद आऊँगा।।

- राही

परिंदा

मैं खुले आसमान का परिंदा हूँ,
आज़ाद हूँ तो ज़िंदा हूँ,
मुझे रोको मत।

मुझे रोको मत, उड़ने दो,
खतरों से ज़रा लड़ने दो।

ज़रा चोट मैं भी तो खाऊं,
कोई पूछे ज़िन्दगी क्या है,
कैसे बताऊं?
मुझे रोको मत।

कब तक बचा के रखोगे मुझे?
सबसे छुपा कर रखोगे मुझे?
दम घुटता है अब मेरा,
सांस अटकी सी लगती है,
भाग जाने को जी चाहता है,
मुझे रोको मत।

मैं खुले आसमान का परिंदा हूँ,
आज़ाद हूँ तो ज़िंदा हूँ,
मुझे रोको मत।।

- राही

बरबादियाँ

ज़हर की शीशी में दवा ढूँढ़ता हूँ,
मैं इस जमाने में वफ़ा ढूँढ़ता हूँ।

जिसको चाहा मैंने, उससे मिला ही नहीं,
हवाओं के बीच में, हवा ढूँढ़ता हूँ।

बन गया हूँ तेरे इश्क़ में गुनाहगार,
तेरी बाहों में अपनी, सज़ा ढूँढ़ता हूँ।

अब लिखने के बाद भी चैन नहीं मिलता,
लिखकर उनमें, जाने क्या ढूँढ़ता हूँ।

सरफिरा कुछ इस तरह बन गया ये राही,
अपनी बर्बादियों में भी मज़ा ढूँढ़ता हूँ।

\- राही

हिदायत

अपने मरकज़ से अगर दूर निकल जाओगे,
ख़्वाब हो जाओगे, अफ़सानों में ढल जाओगे,

दे रहे हैं जो तुम्हें आज रफ़ाक़त के फ़रेब,
इनकी तारीख़ पढ़ोगे तो दहल जाओगे,

अपनी ही माटी पे चलने का सलीक़ा सीखो,
संग-ए-मरमर पे चलोगे तो फिसल जाओगे,

ख़्वाबगाहों से निकलते हुए डरते क्यों हो?
धूप इतनी तो नहीं है कि पिघल जाओगे,

तेज़ क़दमों से चलो और तसद्दुम से बचो राही,
भीड़ में सुस्त चलोगे तो कुचल जाओगे।

- राही

ख़ोज

चलो हँसने की कोई, हम वजह ढूँढते हैं,
जिधर ना हो कोई, वो जगह ढूँढते हैं।

बहुत उड़ लिए ऊँचे आसमानों में यारों,
चलो ज़मीं पर ही कहीं, सतह ढूँढते हैं।

छूटा संग कितनों का ज़िंदगी की जंग में,
चलो उनके दिलों में, हम गिरह ढूँढते हैं।

बहुत वक़्त गुज़रा भटकते हुए अंधेरे में,
चलो अंधेरी रातों की, हम सुबह ढूँढते हैं।

- राही

सफ़र

कुछ कह गए, कुछ सह गए,
कुछ कहते कहते रह गए,

इस छुपने छुपाने के खेल में,
जाने कितने रिश्ते ढह गए,

कुछ समझ गए, कुछ समझा गए,
कुछ नासमझी करते रह गए,

तूफ़ान की आहट सुनकर ही,
कुछ बिन बरसात बह गए।

- राही

ख़्वाब

कुछ इस तरह से निखरना चाहता हूँ,
बहुत सिमट लिया, अब बिखरना चाहता हूँ।

दिल को कभी सख्त नहीं करता,
मैं टूटना नहीं, बिखरना चाहता हूँ।

होश के हिसाब में राही ही निकला,
कुछ देर अब बहकना चाहता हूँ।

दो पल के सही, ख्वाबों में आ जाना,
सुनो, मैं रात भर मेहकना चाहता हूँ।

- राही

ख़ुद को इतना भी ना बचाया कर

ख़ुद को इतना भी ना बचाया कर,
बारिशें हो, तो 'भीग जाया कर'।

चाँद लाकर कोई नहीं देगा,
अपने चेहरे से, 'जगमगाया कर'।

दर्द हीरा है, दर्द मोती है,
दर्द आँखों से, 'मत बहाया कर'।

काम ले कुछ हसीन होठों से,
बातों-बातों में, 'मुस्कुराया कर'।

धूप मायूस लौट जाती है,
छत पे 'किसी बहाने आया कर'।

कौन कहता है दिल मिलाने को,
कम-से-कम 'हाथ तो मिलाया कर'।

- राही

बारिश

कुछ लोग बारिश से भागते हैं,
और कुछ उसे गालियाँ देते हैं,
पर कुछ ऐसे भी होते हैं,
जो बारिश में नाचते हैं।

ज़िंदगी की मुसीबतों का भी,
बारिशों जैसा हाल है,
नाच के निकलो,
तो पता भी नहीं चलेगा।

वो कहते हैं ना,
कि मुश्किलों का हल हमेशा,
आख़िरकार मुश्किलों में ही कहीं छुपा होता है,
बस एक अलग नज़रिए की ज़रूरत है।

- राही

सिगरेट

मैं सिगरेट को हथेली पर उलट कर
खाली करता हूँ,
फिर उसमें डाल कर तुम्हारी यादें
खूब मलता हूँ।

जरा सा ग़म मिलाता हूँ,
हथेली को घुमाता हूँ,
बसा कर तुझको साँसों में
फिर मैं सिगरेट बनाता हूँ।

लगा कर अपने होंठों से
मोहब्बत से जलाता हूँ,
तुझे सुलगा कर सिगरेट में
फिर तेरे कश लगाता हूँ।

धुंआ जब मेरे होंठों से निकल कर
रश्क करता है,
मेरे चारों ओर कमरे में
तेरा अश्क बनता है।

मैं उससे बातें करता हूँ, वो मुझसे
बातें करता है,
यह लम्हा बात करने का बड़ा अनमोल
होता है,
तेरी यादें, तेरी बातें,

तेरा माहौल होता है।

- राही

तू और मैं

शाम का मंज़र, उलझा रास्ता,
इक कहानी, तू और मैं।

ढलता सूरज, बढ़ता साया,
कश्ती रानी, तू और मैं।

बंद इक कमरा, चुप का मंज़र,
भूली बिसरी, दीपक याद।

तन्हाई, दुःख, ख़ौफ़ की इजाज़त,
दिलबर जानी, तू और मैं।

तितली, ख़ुशबू, रंग की बातें,
शबनम से शर्मीले ख़्वाब।

आस का पंछी, गुमसुम ख़्वाहिश,
रात की रानी, तू और मैं।

पलकें चिलमन, शर्मा शर्मी,
कम कम गोया नज़रें कुरब।

रातों जैसी, सीधी साधी,
इक नादानी, तू और मैं।

- राही

ख़ामोश

ख़ामोश गुज़रती हो,
आँगन से नक़ाबों में,

हौले से छुपा देतीं,
मुँह अपना किताबों में।

कंगन को करोगी चुप,
पायल भी उतारोगी,

धड़कन का करोगी क्या?
आहट तो वही होगी।

है प्यार हमें तुमसे,
हमराज़ फ़रिश्ते हैं,

पहचान ले लाखों में,
ये रूह के रिश्ते हैं।

- राही

सुना है नया साल फिर आ रहा है

सुना है नया साल फिर आ रहा है?

ख़ुशियाँ भी होंगी,
बहारें भी होंगी,
मगर हम तो गुज़रे हुए दिसम्बर की सोचों में गुम हैं,

कि जब तू मेरे पास था,
और ख़ुशियाँ हमारे साथ थीं,
मगर अब अकेले तुम्हें सोचते हैं,
यही ख़ौफ़ दामन से लिपटा हुआ है,

कि ऐसा ना हो,
इस बार भी दिसम्बर
तुम्हारे बिना कहीं बीत जाये,
दिसम्बर तो हर साल आता रहेगा,

मगर तुम ना होगे तो कुछ भी ना होगा,
सुना है नया साल आ रहा है??

- राही

इश्क़ या काम

वो लोग बहुत ख़ुश-क़िस्मत थे,
जो इश्क़ को काम समझते थे,
या काम से आशिक़ी करते थे।

हम जीते जी मसरूफ़ रहे,
कुछ इश्क़ किया, कुछ काम किया।

काम इश्क़ के आड़े आता रहा,
और इश्क़ से काम उलझता रहा।

फिर आख़िर तंग आकर हमने,
दोनों को अधूरा छोड़ दिया।

- राही

कितना बाक़ी है

इन उदास राहों पर,
इस अकेले दिल के साथ,
कर लिया सफ़र कितना?
और कितना बाक़ी है!

वो जो इक तारा सा,
दूर झिलमिलाता है,
रास्ता दिखाता है,
और डूब जाता है,

तब अकेलेपन से दिल,
ये सवाल करता है,
जुगनुओं की ख़्वाहिश में,
तितलियों की चाहत में,
कर लिया सफ़र कितना?
और कितना बाक़ी है!

\- राही

ना छेड़ो उसे

ना छेड़ो उसे, वो मुहब्बत में लुटा बैठा है,
अपने टूटे हुए दिल में कई, सदमें उठा बैठा है।

अब तौबा करो, उसकी जान पे बन आयी है,
खेल खेल में मुहब्बत की कई, बाज़ियाँ गँवा बैठा है।

मेरे क़रीब ना आओ, मेरी हालत पे मुझे जीने दो,
उसे तनहा ही रहने दो, क़ाफ़िलों में लुटा बैठा है।

बेरुख़ी तो अपनों की, देख ली उसने भी,
जो ग़ैरों के लिए अपने, नशेमन जला बैठा है।

- राही

तुझे काश मोहब्बत हो जाए

कुछ ख़्वाब थे मेरी आँखों में,
तुझे पा लेने की चाहत थी,

चंद लफ़्ज़ों में ही कहता हूँ,
मुझे तुमसे बहुत मोहब्बत थी,

पर तुम क्या जानो चाहत को,
तुम्हें हो जाती तो पूछता मैं,

दिल जब टूट के रोता है,
क्या दर्द तुम्हें भी होता है?

ये ख़्वाब हक़ीक़त हो जाए,
किसी अपने जैसे संग-दिल से,

"तुझे काश मोहब्बत हो जाए!"

- राही

इक रोज़ तुम ने थमा था हाथ मेरा

इक रोज़ तुम ने थामा था हाथ मेरा,
मेरे हाथों से तुम्हारे हाथ की खुशबू नहीं जाती,

तुम बहुत प्यार से पुकारती थी नाम मेरा,
मेरे कानों से तुम्हारी वो आवाज़ नहीं जाती,

मैं बुलाता भी नहीं था, और तुम आ जाती थी,
अब बुलाने पर भी, मेरी आवाज़ तुम तक नहीं जाती,

बस चुके हो तुम मेरी नस-नस में लहू की तरह,
मेरी उल्फत तुम्हारी रूह में उतर क्यों नहीं जाती?

मैं जानता हूँ ये शहर, ये रास्ते तुम्हारे नहीं,
फिर भी मेरी आँखों से इंतजार की आदत नहीं जाती।

- राही

कंगन

काश मैं तेरे हसीन हाथों का कंगन होता,
तू बड़े प्यार से, चाव से, बड़े मन के साथ,
अपनी नाज़ुक कलाई में चढ़ाती मुझको।

और बेताबी से फुरकत के खीज़ान लम्हों में,
तू किसी सोच में डूबी, जो घुमाती मुझको।

मैं तेरे हाथों की ख़ुशबू से महक सा जाता,
जब कभी मूड में आकर मुझे चूमा करती।

तेरे होठों की हिद्दत से मैं दहक सा जाता,
मरमरी हाथ का इक तकिया बनाया करती।

मैं तेरी कान की लो से लगकर कई बातें करता,
तेरी ज़ुल्फ़ों को, तेरे गालों को चूमा करता।

मुझको बेताब सा रखता तेरी चाहत का नशा,
मैं तेरी रूह के गुलशन में महका करता।

मैं तेरे जिस्म के आँगन में खनकता रहता,
कुछ नहीं तो, बेनाम सा बंधन होता।

काश मैं तेरे हसीन हाथों का कंगन होता।

- राही

रब

भर भर झोली ख़ुशियों की,
ले हंस हंस के लेजा।

इस यार बेगाने की,
इक जान है बस लेजा।

ना मैं मालिक दौलत का,
जो चाहे तू, सब है।

पर एक दिल है सोने का,
जिसमें बसता मेरा रब है।

- राही

1. शेर

कुछ नज़्में, कुछ शायरी, यही तो है हमारी ज़िन्दगी की असली तस्वीर। हर किसी की कहानी अपनी होती है, जिसे वो खुद ही जानता है। लेकिन अगर हम ठीक से देखें, तो हमारी ज़िन्दगी दरअसल किस्सों, कहानियों और शेर-ओ-शायरी से सजी हुई है। इन बिना, सब कुछ अधूरा सा लगता है।

शेर

तेरी यादों में रात भर जागना भी मंज़ूर है,
तेरे एहसासों में जो सुकून है, वो नींद में कहाँ।

- राही

चाहत, फ़िक्र, वफ़ा, दोस्ती और नशा,
मेरी इन्हीं आदतों ने मेरा तमाशा बना दिया।

- राही

दिल का बुरा नहीं हूँ,
बस लफ़्ज़ों में शराफ़त लिए फिरता हूँ।

- राही

हज़ारों की गिनती तो मुझे नहीं आती,
पर ख़याल कुछ ऐसा है कि,

रेत का हर ज़र्रा अगर नायाब हीरा बन जाए,
तो तोहफ़े में आपको रेगिस्तान दे दूँ।

- राही

ख रहा हूँ मैं इंसानों को पढ़ने का हुनर,
सुना है चेहरों पे किताबों से ज़्यादा लिखा होता है।

- राही

र्बाद हुए तेरे इश्क़ में, कोई ग़म नहीं,
तुझे ख़ुश ना किया तो क्या किया।

- राही

आवारा रातें,
ये खोई सी बातें,
ये उलझा सा मौसम,
ये नज़रों की घातें,

कहाँ आ गए हम, कहाँ जा रहे थे।

- राही

सी को घर से निकलते ही मिल गयी मंज़िल,
कोई उम्र भर सफ़र में ही रह गया।

- राही

सानियत ही पहला धर्म है इंसान का,
फिर पन्ना खुलता है गीता या क़ुरान का।

- राही

मत सोच रे बन्दे इतना ज़िन्दगी के बारे में,
जिसने ये ज़िन्दगी दी है उसने भी तो कुछ सोचा ही होगा तेरे बारे में।

- राही

तेरे लिए, मेरी मुहब्बत का अंदाज़-ए-बयां ही सबसे जुदा है,
मेरी जिंदगी मे, मेरे माँ-बाप के सिवा बस तू ही खुदा है।

- राही

हम ना बदलेंगे वक़्त की रफ़्तार के साथ,
जब भी मिलेंगे, अन्दाज़ पुराना होगा।

- राही

मैंने माँगी थी फ़क़त उजाले की इक किरण,
तुमसे किसने कह दिया कि आग लगा दीजिए!!

- राही

वो भी कितना अजीब शख्स है,
बात करे तो लगता है सिर्फ मेरा है,
और न करे तो लगता है, जैसे जानता ही नहीं।

\- राही

❧❧❧

मेरे चेहरे तों मेरा दर्द ना पहचान सकेगा सोंणेया,
मेरी तां आदत ही हर गल ते मुस्करोंन दी।

\- राही

❧❧❧

थक गया हूँ तेरी नौकरी से ऐ ज़िंदगी,
मुनासिब होगा, मेरा हिसाब कर दे।

\- राही

❧❧❧

अब मंज़िल ही नहीं कोई, तो राहों का क्या करूँ?
जो नदी सूख जाए, उन किनारों का क्या करूँ?
मैं समंदर हूँ, झरने की तरह बह नहीं सकता,
सीख सकता हूँ बहना, मगर तूफ़ान का क्या करूँ?
क़ब्र बना दी है, हक़ीक़त को क़त्ल करके,
लाश तो खो गई मगर, रूह का क्या करूँ?

- राही

हमने सोचा था बताएंगे
सब दुःख दर्द तुमको,
पर तुमने तो इतना भी नहीं पूछा
कि खामोश क्यों हो।

- राही

शांत बैठ हूँ तो ये मत समझना
कि आग नहीं मेरे अंदर,

डरता हूँ कहीं समंदर ना कम पड़ जाए
बुझाने के लिए।

- राही

तलाश न कर मुझे ज़मीन और
आसमाँ की गर्दिश में 'राही',
अगर तेरे दिल में नहीं हूँ,
तो कहीं नहीं हूँ मैं।

- राही

!! अगर प्यार है तो शक कैसा,
और नहीं है, तो हक़ कैसा !!

- राही

!! उम्र बढ़ी,
मगर बड़े ना हुए !!

- राही

मंज़िलें मिलेंगी, भटक के ही सही,
गुमराह तो वो हैं, जो घर से निकले ही नहीं।

- राही

मुझको मेरे वजूद की हद तक मत जानिए,
बेहद हूँ, बेहिसाब हूँ, बे-इंतहा हूँ।

- राही

गुज़र गया आज का दिन भी यूँ ही बेवजह,
ना हमें फ़ुर्सत मिली, ना उनको ख़याल आया।

- राही

बुरा नहीं सोचा कभी भी किसी के लिए,
जिसकी जैसी सोच थी, उसने वैसा ही जाना मुझे।

- राही

सुकून मिलता है दो लफ़्ज़ों को काग़ज़ पर उतार कर,
चीख भी लेता हूँ और आवाज़ भी नहीं आती।

- राही

❧❧❧

कोई सुलह कर दे अब ज़िंदगी की उलझनों से,
बड़ी तलब लगी है आज मुस्कुराने की।

- राही

❧❧❧

इक वक़्त था, जब जलते थे लोग,
अब चाह रखते हैं मुझे पाने की।

- राही

❧❧❧

मोहब्बत विच झुक जाना कोई अजीब गल नहीं हुंदी,
चमकदा सूरज भी ढल जौंदा है चाँद दी खातिर।

- राही

कुछ वक़्त है रूठा सा,
कुछ तुम भी हो ख़फ़ा ख़फ़ा,
और ये ज़िंदगी है कि
बस चलती चली जा रही।

- राही

वो जिसका तीर चुपके से जिगर के पार होता है,
वो कोई ग़ैर क्या, अपना ही रिश्तेदार होता है,
किसी से अपने दिल की बात तू कहना ना भूले से,
यहाँ ख़त भी थोड़ी देर से अख़बार होता है।

- राही

अँधेरा है, पर सुबह अभी बाक़ी है,
डूबा हूँ, पर अभी उड़ना बाक़ी है,
यक़ीन है खुद से भी ज़्यादा,
कुछ तो नया होना बाक़ी है,
अभी तो बस बात हुई है,

दीदार होना अभी बाक़ी है।।

- राही

मुहल्ले की रौनक़ गलियाँ हैं जैसे,
खिलने की ज़िद पर कलियाँ हैं जैसे,
मुट्ठी में मौसम की जैसे हो हवाएँ,
यह है बुज़ुर्ग दिल की दुआएँ।।

- राही

मशरूफ थे सब अपनी ज़िंदगी की उलझनों में दोस्तों,
ज़रा सी ज़मीन क्या हिली, सबको खुदा याद आने लगा।

- राही

वो वक़्त गुज़र गया जब तेरी आरज़ू थी,
अब तू खुदा भी बन जाए तो तेरा सजदा ना करूँ।।

- राही

कभी था ख़्वाब उसके संग चलने का इन रास्तों पर,
अब मैं हूँ, रास्ते हैं, पर वो कहीं नहीं।।।

- राही

!! रुक जाती थीं सारी शिकायतें लबों पर आते-आते,
जब वो प्यार से कहती थी, अब मैंने क्या किया..!!

- राही

सुनो, तुमसे बड़ी नाराज़गी है मुझको...

तुम्हारे नर्म होठों की मिसाल नहीं मिलती,
और मेरे शेर अधूरे रह जाते हैं।।

- राही

मैं अक्सर सोचता हूँ,
जाने कितना प्यार लगा होगा
इतनी नफ़रत के लिए।।

- राही

!! सारी कोशिशें धरी की धरी रह जाती हैं उसे मनाने की,
जब वो पूरी तरह रूठता भी नहीं और मानता भी नहीं !!

- राही

चलो उसका नहीं तो खुदा का एहसान लेते हैं,
वो मिन्नत से नहीं माना तो मन्नत से माँग लेते हैं।।

- राही

वो मंदिर का लड्डू भी खाता है,
वो मस्जिद की खीर भी खाता है।
वो भूका है जनाब,

उसे मज़हब कहाँ समझ आता है।।

- राही

इतना खाया नहीं था नमक तेरा,
जितना छिड़का है तूने ज़ख्मों पर।

- राही

यूँ हसीन हुए नज़ारे यहाँ,
या बदली सी है नज़र हमारी!!

- राही

बिखरा वजूद, टूटे ख्वाब, सुलगती तन्हाइयाँ,
कितने हसीन तोहफे दे जाती है ये अधूरी मोहब्बत।

- राही

दुनिया से अलग है मेरा अन्दाज़-ऐ-ज़िंदगी,
मैं ज़ख़्म खाता हूँ और निखर जाता हूँ।।

- राही

दुनिया से अलग है मेरा अन्दाज़-ऐ-ज़िंदगी,

सलीक़ा हो अगर भीगी हुई आँखों को पढ़ने का,
तो फिर बहते हुए आँसू भी अक्सर बात करते हैं।

- राही

उसने समझा ही नहीं और मैंने समझाया भी नहीं,
कि मैं चाहता कुछ भी नहीं था उस से, सिर्फ़ उसके सिवा।।

- राही

हम में तो ख़ैर हिम्मत है दर्द सहने की,
तुम इतने दर्द देती हो, थक तो नहीं जाती?

- राही

मुहब्बत करने वाले वो मरीज़ हैं,
जिन्हें मर्ज़ मालूम है, लेकिन इलाज नहीं।

- राही

तू ख़फ़ा मेरी किस बात से है,
तू भी ना उलझा कर मुझसे इस तरह।

तू जो वाक़िफ़ मेरे जज़्बात से है,
मैं कैसे जी लूँ तुमसे रूठ कर।

मेरी हर साँस वाबस्ता तेरी ज़ात से है,
मेरा ताल्लुक़ जुड़ा है कुछ इस तरह तुमसे,
जैसे इंसान का रिश्ता ख़ुद अपने आप से है।।

- राही

!! डाल दीं भूखे की थाली में जिसने चंद रोटियाँ...
बस वही पूजा की थाली हो गई...!!

- राही

❧❧❧

!! कुछ हसरतें अधूरी ही रह जाएँ तो अच्छा है,
पूरी हो जाने पर दिल ख़ाली सा हो जाता है!!

- राही

❧❧❧

उम्र ज़ाया कर दी लोगों ने, औरों के वजूद में नुक़्स निकालते निकालते,
इतना ही ख़ुद को तराशा होता, तो फ़रिश्ते बन जाते।।

- राही

❧❧❧

!! बच्चे झगड़ रहे थे मोहल्ले के न जाने किस बात पर,
सूकून इस बात का था, ना 'मंदिर' का ज़िक्र था ना 'मस्जिद' का..!!

- राही

बड़ी अजीब से आजकल दुनिया के मेले हैं,
दिखती तो भीड़ है, पर सब अकेले हैं।।

- राही

तिजोरियाँ भरते हैं लोग उम्र भर के लिए,
मौत का फ़रिश्ता रिश्वत नहीं लेता।।

- राही

तेरी बातों में ज़िक्र उसका, मेरी बातों में ज़िक्र तेरा,
अजीब इश्क़ है यारा, ना तू मेरा ना वो तेरा।।

- राही

वो मिले हमसे कुछ इस अदा से महज़बीं बनकर!
ना होश हमें दिन का, ना ख़याल रात का रहा!!

- राही

दूरियाँ जब बढ़ीं तो ग़लतफ़हमियाँ भी बढ़ गईं,
फिर तुमने वो भी सुना, जो मैंने कभी कहा ही नहीं...!!

- राही

बिन पूछे आ जाता है कभी सवाल नहीं करता,
आखिर क्यों तेरा ख़याल मेरा ख़याल नहीं करता।

- राही

कहने को मैं अकेला हूं, पर हम चार हैं–
एक मैं, मेरी परछाई, मेरी तन्हाई, और तेरा एहसास।

- राही

लाख रोका, पर रुका ना,
इश्क़ ये सरज़ोर है।

अपनी चाहत कुछ और,
इश्क़ की कुछ और है।

तेरे-मेरे बस में क्या,
हो रहा है जो लिखा।

इस लम्हे की ख़्वाहिशों में,
ज़िंदगानी की रज़ा है।

- राही

ख़ुश था मैं उनकी नज़रों में,
फिर मेरी ख़ुशियों को उनकी नज़र लग गई।

- राही

मुझे इश्क़ है तुमसे,
मगर अजनबियों की तरह।

- राही

❧❧❧

टूटे दिल और छूटे रिश्ते,
बस तू ही है, जो संभाले मुझे।

- राही

❧❧❧

तू साथ नहीं,
पर हमेशा रहेगी...
इक वजह,
तुझे बेवजह चाहने की।

- राही

❧❧❧

टूटे तो बोहत चुभते हैं,

क्या कांच, क्या रिश्ते।

\- राही

❧❧❧

लड़ना चाहता हूं मैं अपनों से,
मगर कहीं जीत गया, तो हार जाऊंगा।

\- राही

❧❧❧

गलतियों से जुदा, तू भी नहीं, मैं भी नहीं,
दोनों इंसान हैं, खुदा तू भी नहीं, मैं भी नहीं।

तू मुझे, मैं तुझे इल्ज़ाम देता हूं मगर,
अपने अंदर झांकता, तू भी नहीं, मैं भी नहीं।

गलतफहमियों ने पैदा कर दी दोनों में दूरियां,
वरना फितरत का बुरा, तू भी नहीं, मैं भी नहीं।

\- राही

❧❧❧

चुप चुप बैठा है आज सपना मेरा,
लगता है हकीक़त ने सबक सिखाया है।

- राही

हम उनके लिए अहम,
वाह रे दिल, तेरा वहम।

- राही

तलब है उसकी,
जो खामोशी से मेरी खामोशी पढ़ सके।

- राही

बस ख़त्म कर ये बाज़ी-ए-इश्क़-ए-दिल,
मुक़द्दर के हारे कभी जीते नहीं करते।

- राही

सुनो,
इक अजीब सी खुशी मिलती है,
जब हिचकियां रुक जाती हैं,
तुम्हारा नाम लेने से।

\- राही

जाने कहां ले जाएगा ये सफ़र,
क्या होगा आगे, कर न फ़िकर,
जो होगा, देखा जाएगा, वक़्त है साथ तेरे,
मेहनत कर, और दिखा अपना हुनर।

\- राही

हम आह भी करें, तो बदनाम हो जाते हैं,
वो क़त्ल भी कर दें, तो चर्चा नहीं होता।

\- राही

औकात नहीं थी ज़माने की,
जो मेरी क़ीमत लगा सके।
कभी इश्क़ में क्या गिरे,
मुफ़्त में नीलम हो गए।

- राही

तेरा झूठ, मेरा ज़ख्म,
तेरे झूठ का सच,
मेरे ज़ख्म पर नमक।

- राही

तुमने भी उस वक़्त बेवफाई की,
यकीन जब आख़िरी मुक़ाम पर था।

- राही

यूँ ही लोग दे जाते हैं क़त्ल की धमकियाँ,
हम कौनसे ज़िंदा हैं, जो मर जाएंगे।

\- राही

सन्नाटा छा गया बंटवारे के किस्से में,
जब माँ ने पूछा, "मैं किसके हिस्से में?"

\- राही

सुना है बारिश में दुआ क़ुबूल होती है,
गर हो इजाज़त, तो मांग लूं तुम्हें।

\- राही

ज़रा ठहरो, बारिश थम जाए तो फिर चले जाना,
किसी का तुझको छू लेना मुझे अच्छा नहीं लगता।

\- राही

संयम क्या चीज़ है,
ये पूछिए उस बच्चे से,
जो काम करता है 'रोटी' के लिए,
'खिलौनों' की दुकान पर।

- राही

अभी सूरज नहीं डूबा,
ज़रा शाम तो होने दो।

मैं खुद लौट जाऊँगी,
मुझे नाकाम तो होने दो।

मुझे बदनाम करने का क्यों ढूँढ़ते हो बहाना?
मैं खुद हो जाऊँगी बदनाम,
पहले नाम होने दो!

- राही

लोग कहते हैं कि वक़्त किसी का ग़ुलाम नहीं होता,
फिर 'तेरी मुस्कराहट' पे वक़्त क्यूँ थम सा जाता है?

- राही

फिर नहीं बसते वो दिल जो उजड़ जाते हैं,
क़ब्रें कितनी भी सँवारो, रौनक़ नहीं होती।

- राही

मैंने कहा, बहुत प्यार आता है तुम पर,
वो मुस्कुरा कर बोले, "और तुम्हें आता ही क्या है?"

- राही

बंदगी के मुझे आते हैं सलीक़े सारे,
उसको फ़ुर्सत ही नहीं थी, मेरा खुदा होने की।

- राही

जो चले हैं जन्नत को पाने की ख़ातिर,
बेख़बरों को इत्तला कर दो, माँ घर पर ही हैं।

- राही

लाज़मी नहीं तुझे आँखों से ही देखूँ,
तुझे सोचना, तेरे दीदार से कम नहीं।

- राही

मालूम है कि ख़्वाब झूठे हैं,
और ख़्वाहिशें अधूरी हैं,
पर ज़िंदा रहने के लिए,
कुछ ग़लतफ़हमियाँ भी ज़रूरी हैं।

- राही

तुम्हीं ने छुआ होगा,
हवा यूँ बेवजह कभी नहीं महकी।

- राही

तुझ से मैं जंग का ऐलान भी कर ही दूँ,
मेरे दुश्मन, तू मेरे क़द के बराबर तो आ।

- राही

रात, चाँद और मैं, तीनों ही बंजारे हैं,
तेरी नम पलकों में शाम किया करते हैं।

- राही

कामयाबी के सफ़र में धूप बड़ी काम आयी,
छांव अगर होती, तो कबके सो गए होते।

- राही

ज़िंदगी ने मेरे मर्ज़ का एक बढ़िया इलाज बताया,
वक़्त को दवा कहा, मतलबियों का परहेज़ बताया।

- राही

गर्मी की पहली-पहली बारिश सी तुम,
रूह ख़ुश हो जाती है, तुम्हारे आने से।

- राही

सिर्फ़ शब्दों से ना करना
किसी के वजूद की पहचान,
हर कोई, उतना नहीं कह पाता,
जितना समझता और महसूस करता है।

- राही

"शायरी" में ही पेश कीजिएगा मोहब्बत की दावे-दारियाँ,
ये "शहर-ऐ-नुमाइश" है, यहाँ एहसास के जौहरी नहीं रहते।

\- राही

❧❧❧

वक़्त के थपेड़ों ने सिखा दी हमें होशियारी,
वरना कभी मासूमियत की हद तक मासूम थे।

\- राही

❧❧❧

ख़ुदगर्ज़ बना देती है तलब की शिद्दत भी,
प्यासे को कोई दूसरा प्यासा नहीं लगता।

\- राही

❧❧❧

जिसके लफ़्ज़ों में हमें अपना अक्स मिलता है,
बड़े नसीब से ऐसा कोई शख़्स मिलता है।

\- राही

मेरे लफ़्ज़ों की पहचान अगर कर लेता वो,
उसे मुझसे नहीं, ख़ुद से मुहब्बत हो जाती।

- राही

छू जाते हो तुम मुझे कितनी दफ़ा ख़्वाब बन के,
कौन कहता है कि दूर रहकर मुलाक़ात नहीं होती।

- राही

नादानियाँ झलकती हैं अब भी मेरी आदतों में,
मैं ख़ुद हैरान हूँ, मुझे इश्क़ हुआ कैसे!

- राही

एक मुख़्तसर सी वजह है, मेरे झुक के मिलने की,
मिट्टी का बना हूँ, ग़ुरूर जंचता नहीं मुझको।

- राही

उठो तो ऐसे उठो, फ़क्र हो बुलंदी को भी,
झुको तो ऐसे झुको, बंदगी भी नाज़ करे।

- राही

शर्मिज़ाज़ी मशहूर है हमारी, सादगी भी कमाल है,
हम शरारती भी इंतेहा के हैं, तनहा भी बेमिसाल हैं।

- राही

मेरी आँखों में पढ़ लेते हैं लोग तेरे इश्क़ की आयतें,
किसी में इतना बस जाना भी अच्छा नहीं होता।

- राही

हद से बढ़ जाए ताल्लुक़ तो ग़म मिलते हैं,
हम इसी वास्ते हर शख़्स से कम मिलते हैं।

\- राही

पल भर का मिलना हुआ उनसे,
उम्र भर का रिश्ता जोड़ गए वो।

\- राही

बिखर रही चाँदनी मगर रात चुप है,
कहना है बहुत कुछ तुमसे मगर जज़्बात चुप हैं।
बहुत था दर्द मगर क़लम ना उठा पाया,
लिखे जो याद में तेरी, वो अल्फ़ाज़ चुप हैं।
फूलों में ख़ुशबू की तरह तुम्हें ही सोचा मैंने,
सोचना अब भी चाहता हूँ मगर ख़यालात चुप हैं।

\- राही

थकी-टूटी हुई नींदों के दरमियाँ अक्सर,
बहुत चुपके से जाग उठती हैं यादें तेरी।

- राही

रिमझिम रिमझिम बरस रही हैं,
यादें तुम्हारी, क़तरा क़तरा।

- राही

आओ फिर से दोहरायें वही पुराना अफ़साना,
मैं तुम्हें बेपनाह चाहूँगा,
और तुम मुझे बेवजह छोड़ जाना।

- राही

बिन सोए जो गुज़र गयीं,
वो रातें तुम पर क़र्ज़ हैं।

- राही

जश्न का जुनून नहीं,
तुम इबादत का सुकून हो...

- राही

मुड़े मुड़े से हैं, किताब-ऐ-इश्क़ के पन्ने,
ये कौन है, जो हमें हमारे बाद पढ़ता है।

- राही

इश्क़ वो है,
जब मैं शाम होने पर मिलने का वादा करूँ,
और वो दिन भर,
सूरज के होने का अफ़सोस करे।

- राही

ज़ुल्फ़ खुली रखती है वो,
दिल बाँधने के लिए।

- राही

लिख तू कुछ ऐसा ऐ-दिल,
जिसे पढ़ वो रोए भी न, और रात भर सोए भी न।

- राही

ये दिल भी न जाने किस तरह ठगता चला गया,
कोई अच्छा लगा, और बस लगता चला गया।

- राही

काश मोहब्बत में भी चुनाव होते,
ग़ज़ब का भाषण देते तुम्हें पाने के लिए।

- राही

जाने क्यूँ महसूस हो रहा है,
कि मुझे महसूस कर रहे हो तुम।

\- राही

तुम कभी यूँ किया करो।

छोड़ो मेरी शायरी, दिल पढ़ लिया करो॥

\- राही

ये इश्क़ मोहब्बत की, रिवायत भी अजीब है,

पाया नहीं है जिसको, उसे खोना भी नहीं चाहते।

\- राही

तेरे मुस्कुराने का असर सेहत पे होता है,

लोग अक्सर पूछ लेते हैं, दवा का नाम क्या है॥

- राही

तुम बिलकुल चाँद की तरह हो, नूर भी उतना,

गुरूर भी उतना, और मुझसे दूर भी उतना॥

- राही

"दुआ कोई रद्द नहीं जाती,
लोग इंतज़ार नहीं करते।

- राही

अपनी आँखों को नोच डालूँगा,
ख़्वाब आया जो फिर मोहब्बत का।

- राही

❧❧❧

उसने मुझे जी भर के चाहा

फिर हुआ यूँ उसका भी जी भर गया।

- राही

❧❧❧

मेरे लफ़्ज़ों से ना कर मेरे किरदार का फ़ैसला,
तेरा वजूद मिट जाएगा मेरी हक़ीक़त ढूँढते ढूँढते।

- राही

❧❧❧

लफ़्ज़ों कि देहलीज़ पर,
घायल ज़ुबां है,

कोई तन्हाई से तो,
कोई महफ़िल से परेशां है।

- राही

एक ये ख्वाहिश है कि ज़ख्म ना देखे दिल का कोई,
एक ये हसरत है कि कोई देखने वाला होता।

- राही

ख़ुद से जीतने की ज़िद है,
मुझे ख़ुद को ही हराना है, मैं भीड़ नहीं हूँ दुनिया की,
मेरे अंदर एक ज़माना है।

- राही

ना कर इतना गरूर
अपने नशे पर शराब,
तुझ से ज़्यादा नशा रखती है,
निगाहें किसी की।

- राही

ठंड इतनी पड़ रही है कि,
अकड़ कर बैठने वाले भी
सिकुड़ कर बैठ रहे हैं।

- राही

ग़रीब माँ अपने बच्चों को
बड़े प्यार से यूँ मनाती है,
फिर बना लेंगे नए कपड़े
ये ईद तो हर साल आती है।

- राही

इन आँखों ने इश्क़ देखा है, अपनी आँखों से।

- राही

एक ना एक दिन हांसिल कर ही लूँगा मंज़िल,
'ठोकरें' ज़हर तो नहीं, जो खाकर मर जाऊंगा।

- राही

ये भी मुमकिन है, कि लौट ना सकूँ कभी,
ये भी जायज़ है, कि तुम इंतज़ार ना करो।

- राही

जाने से पहले
एक किताब लिखूंगा,

उसमें तेरा कुसूर
बेहिसाब लिखूंगा।

- राही

वो खिली किताब थी,
और मैं अनपढ़।

- राही

सर्द रातों कि तन्हाई में,
दिल अपना कुछ यूँ बहलाते हैं,

कुछ उनका लिखा दोहराते हैं,
कुछ अपना लिखा मिटाते हैं।

- राही

सुरमे कि तरह पीसा है हमें हालातों ने,
तब जा के चढ़े हैं लोगों कि निगाहों में।

- राही

तन जला कर रोटियां पकाती है माँ,
नादान बच्चे अचार पर रूठ जाते हैं।

- राही

कुछ लोग पसंद करने लगे हैं अलफ़ाज़ मेरे,
मतलब मोहब्बत में बर्बाद हुए और भी हैं।

- राही

क़दम क़दम पे इम्तेहान रखती है,
ज़िन्दगी तू मेरा कितना ध्यान रखती है।

- राही

ठुकरा दो अगर ज़िल्लत से समंदर,
इज़्ज़त से जो मिल जाये वो कटरा ही बोहत है।

- राही

उस इंतज़ार से क्या शिकायत,
जो तेरे इंतज़ार पे ख़त्म हो।

\- राही

शायरी खदख़ुशी का एक धंधा है,
लाश अपनी है अपना ही कंधा है,
आइना बेचता फिरा शायर,
उस शहर में जो शहर ही अंधा है।

\- राही

मुलाक़ातें नहीं मुमकिन
मुझे एहसास
है...

लेकिन
तुम्हें मैं याद करता हूँ
बस इतना याद
रखना।

\- राही

सर्दी कि धुप,
घर का आँगन,
थोड़ी से फुर्सत,
और गर्म चाय...

कोई ठहरा दे वक़्त
यहीं पर कुछ देर।

\- राही

क साँस सबके हिस्से से हर पल घट जाती है,
कोई जी लेता है ज़िंदगी किसी की कट जाती है।

\- राही

ज़रूरी नहीं कि कुछ तोड़ने के लिए पत्थर ही मारा जाए,
लहजा बदलकर बोलने से भी बहुत कुछ टूट जाता है।

\- राही

गिरी मिली एक बोतल शराब की तो यूँ लगा,
जैसे बिखरा पड़ा हो एक रात का सुकून किसी का।

- राही

जाने तेरे शहर का, क्या इरादा है,
आसमान कम, परिंदे ज़्यादा हैं।

- राही

मेरी मसरूफ़ियत के हर लमहें में शामिल है तेरी यादें,
सोचो मेरी फुरसतों का आलम क्या होगा।

- राही

इतना आसान नहीं है, अपने ढंग से जी पाना।
अपनों को भी खटकने लगते हैं,
जब अपने लिए जीने लगते हैं॥

- राही

शक ना कर मेरी हिम्मत पर,
मैं ख़्वाब बन लेता हूँ,
टूटे दागों को जोड़कर॥

- राही

लोग नए साल में बहुत कुछ नया माँगेंगे,
पर मुझे तो वही तुम्हारा साथ चाहिए।

- राही

उलझी हुई ज़िंदगी की
बस यही कहानी है,
कुछ पहले से ही शायर थे,
कुछ वक़्त की मेहरबानी है।

- राही

चाय के बाद दूसरा रंग तुम्हारा है,
जो मुझे साँवला अच्छा लगता है।

\- राही

जब तक तेरे पास पैसा है,
तब तक दुनिया पूछेगी,
“भाई तू कैसा है ?

\- राही

ये वहम था मेरा कि तू हमसफ़र है मेरी,
तू साथ चलती थी मेरे, किसी और की तलाश में॥

\- राही

इक जन्नत भी है इस दुनिया में,
जहाँ मैं और तू बस साथ रहें॥

- राही

कभी मिलो तो इस ठण्ड में,
चाय पर किस्से बुनेंगे,

तुम ख़ामोशी से कहना,
हम चुप चाप सुनेंगे.

- राही

जाते जाते वो किस लिए पलटा,
अब सताएगा ये भी सवाल मुझे॥

- राही

बस इतना सा असर होगा मेरी यादो का
की कभी कभी तुम बिना बात मुस्कुराओगे॥

- राही

ज़मीर हमसे बेचा ना गया,
वरना शाम तक अमीर हो जाते।

- राही

वाक़िफ़ तो हम भी हैं
माशहूर होने के तौर तरीक़ों से,
पर ज़िद तो हमें अपने
अन्दाज़ से जीने की है।

- राही

लिखकर मेरी क़िस्मत में फ़क़ीरी उसने फ़रमाया
मिज़ाज इसका अमीराना बना दो।

- राही

चलता रहूँगा राह पे,
चलने में माहिर बन जाऊँगा।
या तो मंज़िल मिल जाएगी,
या अच्छा राही बन जाऊँगा ॥

- राही

मैं ज़ख़्मों को अपने नज़र अन्दाज़ करता हूँ,
मै ख़ुद से ज़्यादा अपनी मोहब्बत पर नाज करता हूँ,
ये तेरी ही आबो-हवा है जो मैं तेरी ख़ुशियों से,
अपने हर दर्द का इलाज करता हूँ॥

- राही

डब्बे में डब्बा, डब्बे में केक,
दिखने में सब ख़ूबसूरत
अंदर से सब फ़ेक॥

- राही

इल्म है, मंज़िल मेरी ख़ूबसूरत है मगर,
रास्तों ने दुश्मनी, ठान ली मुझसे।

- राही

हम अपने मुक़द्दर पे हैरान बहुत थे,
उसे खो के हम परेशान बहुत थे,
कभी तलाश जो उसे करने निकले हम,
उसके क़दमों के साथ औरों के निशाँ बहुत थे।

- राही

शायरी उतनी करो,
की बेरोज़गार ना लगो।

- राही

मौसम का गुरूर तो देखो,
तुमसे मिलकर आया हो जैसे।

- राही

थक सा गया है, मेरी चाहतों का वजूद,
अब कोई अच्छा भी लगे, तो इज़हार नहीं करता।

- राही

मेरे दिल से खेल तो रहे हो पर, ज़रा संभल के,
थोड़ा टूटा हुआ है,
कहीं चुभ ना जाये।

- राही

नम ख्वाहिशें शोर नहीं करती अब,
दिल ने पि लिए, सबर के घूँट बोहत।

- राही

जिसको सुनाना चाहूँ, वो तो सुनता नहीं,
ज़मान खमनखां कान लगाए बैठा है।

- राही

पंख लगा कर उड़ नहीं सकती मेरी चिट्ठी,
अलफ़ाज़ और एहसास दोनों भारी हैं इनमें।

- राही

उम्मीद ना कर इस दुनिआ में किसी से हमदर्दी की,
बड़े प्यार से ज़ख्म देते है शिद्दत से चाहत वाले।

- राही

सोचता हूँ...
कि अब ना सोचूं कभी।

- राही

शीशे कि तरह आर-पार हूँ मैं,
फिर भी बहुतों कि समझ से बहार हूँ मैं।

- राही

कल धुप में परेशां, आज तकलीफ बारिश से,
शिकायतें बेशुमार हैं, इंसान हो आदत में।

- राही

सबकुछ हांसिल नहीं होता ज़िन्दगी में,
किसी का 'काश' तो किसी का 'गर' छूट ही जाता है।

- राही

चेहरा देख कर इंसान पहचानने कि कला थी मुझमें,
तकलीफ तब हुई जब,

उनके पास चेहरे बोहत थे।

- राही

❧❧❧

माना तेरी नज़र में कुछ भी नहीं हूँ मैं,
मेरी क़दर उनसे पूछ जिन्हें पलट के भी नहीं देखा ' सिर्फ़ तेरे लिये ।

- राही

❧❧❧

सीखा ना सकीं जो उम्र भर तमाम किताबें मुझे,
क़रीब के कुछ चेहरे पढ़े,
और ना जाने कितने सबक सीख लिए।

- राही

❧❧❧

किसी ने धुल क्या झोंकी आँखों में,
कम्बख्त पहले से बेहतर दिखने लगा।

- राही

ना जाने कौन मेरे हक़ में दुआ पढता है,
डूबता भी हूँ तो, समंदर उछाल देता है।

- राही

डूबों हुओं को हमने बिठाया था अपनी कश्ती में यारों,
और फिर कश्ती का बोझ कहके, हमें तो उतरा गया।

- राही

इक सुकून कि तलाश में,
ना जाने कितनी बेचैनियां पाल ली।
और लोग कहते हैं हम बड़े हो गए,
हमें ज़िन्दगी संभल ली।।

- राही

ज़ुल्फ़ें बांधा मत करो तुम,
हवाएँ नाराज़ रहती हैं॥

- राही

रिहा कर ख़ूबसूरत दिखने की चाहत से मुझे,
ऐ आइने तू मेरी सादगी को ज़मानत दे दे॥

- राही

चलो ख़ामोशियों की गिरफ़्त में चलते हैं,
बातें ज़्यादा हुई तो, जज़्बात खुल जाएँगे॥

- राही

रंग चेहरे के बोल पड़ेंगे,
उनसे बात छेड़ना मेरी॥

- राही

सीख लिया है मैंने भी अब हुनर ज़िंदगी का,
मुस्कुरा के कह देता हूँ मैं भी,

तू ख़ुश रहे यही काफ़ी है॥

- राही

जी करता है उछल के पकड़ लूँ अपनी मंज़िल को,
पता नहीं क्यूँ रह जाता हूँ वहीं, खड़ा का खड़ा॥

- राही

ख़ुद अंधेरे में है, मगर दुनिया रोशन करने चला है ये,
बुल्लेया तेरे इश्क़ में, दिया बन गया ये राही॥

- राही

बोहत मज़बूत रिश्ते थे,
मगर बोहत कमज़ोर लोगों से॥

- राही

मोहब्बत को आज़माना है, तो बस इतना काफ़ी है,
ज़रा सा रूठ कर देखो, मनाने कौन आता है॥

- राही

मुझे पूरा यक़ीं है, गलियों में तेरी उजाले होंगे,
बस तुमको रहे ख़बर, मेरे मशाल बनके जलने की॥

- राही

तीन गवाह इस इश्क़ के,
इक रब, इक तू, और मैं..

- राही

तू मेरे संग रहे ये ज़रूरी नहीं,
बस जहाँ भी रहे, मेरी रहे..

- राही

अपने ख़िलाफ़ बातें,
मैं अक्सर ख़ामोशी से सुनता हूँ।
जवाब देने का हक़,
मैंने वक़्त को दे रखा है॥

- राही

चलो आज फिर दिखावा करते हैं,
तुम पूछो, 'कैसे हो.'
मैं कहूँ, 'सब ठीक'

- राही

छुपा लो दिल में यूँ प्यार मेरा,
कि जैसे मंदिर में जलते दिए की लौ कोई॥

- राही

नादान है वो, कुछ समझता ही नहीं,
सीने से लगा के पूछता है,
धड़कन क्यूँ तेज़ है॥

- राही

कभी वक़्त निकाल के हमसे बात करके देखना,
हम भी बहुत जल्दी बातों में आ जाते हैं॥

- राही

मैं: तुम मेरा सपना थे।
वो: सपना ही तो था, टूट गया।

\- राही

उसको चाहा तो मुहब्बत की समझ आयी,
वरना इस लफ़्ज़ की सिर्फ़ तारीफें सुना करते थे।।

\- राही

वो कहता है, बता तेरा दर्द मैं कैसे समझू,
मैंने कहा, इश्क़ कर, बेहद कर, और करता जा...

वो कहता है, बता तेरा दर्द मैं कैसे समझू,
मैंने कहा, इश्क़ कर, बेहद कर, और करता जा...

\- राही

काश खुदा ने मुझे किताब बनाया होता,
वो पढ़ते पढ़ते सो जाते मुझे सीने से लगाकर।।

\- राही

अपने होठों से कह दो यूँ ना मुस्कुराया करें
हम बोहत गुस्ताख़ हैं, चूम लिया करते हैं ।।

- राही

तेरी क़िस्मत दा लिख्या,
तेरे तों कोई खो नी सकदा ।
जे उसदी मेहर होवे,
तैनूँ ओह वी मिल जावे,
जो तेरा हो नी सकदा ।।

- राही

सबर रख,
तेरी अहमियत
उसे वक़्त बताएगा..

- राही

❧❧❧

ना जाने कौन सी हदों तक है मेरी चाहतों का सिलसिला,
बस इतना जान लो, मैं बावस्ता तुमसे, बस तुम तक हूँ।।

- राही

❧❧❧

"जरुरी तो नहीं हर चाहत का मतलब इश्क़ हो,

कभी कभी कुछ अनजान रिश्तों के लिए भी दिल बेचैन हो जाता है।।

- राही

❧❧❧

ये जो भीगी ज़ुल्फ़ें लिए मिलने आयी हो आज,
इससे ज़्यादा ख़ूबसूरती आज तक देखी नहीं हमनें।
जी करता है लिपटे रहें तुमसे उम्र भर के लिए,
जवानी हार जाएँ तेरे सतके में आज,
कुछ कर जाएँ तेरी सनक में आज।।

- राही

कुछ तो कमी रही होगी हममें भी,
वरना वो उतना भी बुरा नहीं,
की आँखों में इश्क़ ना पढ़ सके।।

- राही

चाँद सा चेहरा देखने की इजाज़त दे दो,
मुझे ये शाम सजाने की इजाज़त दे दो,
मुझे क़ैद कर लो अपने इश्क़ में या फिर,
मुझे इश्क़ करने की इजाज़त दे दो।।

- राही

ज़िंदगी सुलझी होनी चाहिए,
उलझे बस उसके बाल पसंद है।।

- राही

पलट कर भी नहीं देखी तेरी बेरुख़ी हमनें,
भुला देंगे तुझे ऐसे कि तू भी याद रखेगा।।

- राही

माना कि तू हसीन है,
मगर इतनी कहाँ जितना मेरी निगाहों ने तुझे बना रखा है।।

- राही

मीठी थी यादें, नाम थी आँखें,
गुमनाम सा कोई चेहरा, फिर नशा दिला गया।।

- राही

बंद पिंजरे में परिंदे को देखा है कभी?
ऐसे सिसकते है मुहब्बत के मुजरिम अक्सर।।

- राही

उसने देखा ही नहीं अपनी हथेलियों को,
उनमें धुँधली सी मेरी भी लकीरें थी।।

- राही

आखें खुलते ही सामने आजाता है चेहरा तेरा,
आशिक़ सुबह की ख़ुशी भी कमाल होती है।।

- राही

बहुत भीड़ थी उनके दिल में,
हम निकलते नहीं,
तो निकाल दिए जाते।।

- राही

तुझे भूल जाने का हौंसला,
ना था! ना है! ना होगा।
दूर रहकर भी तू जुदा,
ना था! ना है! ना होगा।
तुझसे मिल कर किसी और से क्या मिलना,
तेरे जैसा दुनिया में,
ना था! ना है! ना होगा।।

- राही

काग़ज़ ख़त्म हो जाते हैं,
सबर की तरह...

- राही

खामोशी से भी नेक काम होते है।
देखा हे मैने पेडों को छांव देते हुए।।

- राही

अब जो तुम मिल गयी हो,
तो सारी कायनात बेमानी है,
मेरा होना ही तुमसे है,
सिर्फ़ तुमसे।।

\- राही

यूँ ही नहीं सम्भाला ये शायरी का कारोबार,
कयी ज़ख़्म खाए हैं दिल पे इस हुनर के लिए।

\- राही

ख़्वाब लफ़्ज़ों में ढला नहीं करते,
काश आँखें पढ़ा करे कोई।।

\- राही

मत पूछ कितनी मोहब्बत है मुझे उस से,
बारिश की बूँद भी अगर उसे छू ले, तो दिल मैं आग लग जाती

है।।

- राही

महँगे होटलों में भी भूँक अब मिटती नहीं,
"माँ"
तेरे हाथों की वो रोटियाँ कही बिकती नहीं।।

- राही

औरत अगर कमज़ोर है,
तो बच्चे ख़ुद पैदा करलो !!

- राही

थम सी गयी हैं उँगलियाँ मेरी,

तेरा जाना हुआ या फालिस हो कोई।।

- राही

शब्दों की आधियों के लिए,
दिल में तूफ़ाँ होना ज़रूरी है।।

- राही

उदास रहता है मोहल्ले में बारिशों का पानी आजकल,
सुना है काग़ज़ कि नाव बनाने वाले बड़े हो गए।

- राही

बारिश की बूँदों में झलकती है उसकी तस्वीर।
आज फिर भीग बैठे उसे पाने की चाहत में।।

- राही

सब छोड़ रहे है मुझे अपना कर,
ऐ ज़िंदगी तुझे भी इजाज़त है।।

\- राही

इश्क़ है तो है, इसे किसी रिश्ते का नाम देने की ज़रूरत नहीं,
और मुझे तुझसे इश्क़ करने के लिए, तेरी मंज़ूरी लेने की
ज़रूरत नहीं।।

\- राही

अब ये न पूछना की,
ये अल्फ़ाज़ कहाँ से लाता हूँ।
कुछ चुराता हूँ दर्द दूसरों के,
कुछ अपना हाल सुनाता हूँ॥

- राही

राही चला लिखने कहानी इश्क़ की,
मगर किस्सा-ए-मज़ाक बनकर रह गया।

- राही

मुहब्बत, नफ़रत है तुमसे...

- राही

www.ingramcontent.com/pod-product-compliance
Lightning Source LLC
La Vergne TN
LVHW091203150826
845672LV00005B/1226

* 9 7 8 1 6 4 5 4 6 0 8 9 3 *